BEI GRIN MACHT SICH IHR WISSEN BEZAHLT

- Wir veröffentlichen Ihre Hausarbeit, Bachelor- und Masterarbeit

- Ihr eigenes eBook und Buch - weltweit in allen wichtigen Shops

- Verdienen Sie an jedem Verkauf

Jetzt bei www.GRIN.com hochladen und kostenlos publizieren

Hans-Jürgen Borchardt

So machen Sie Ihre Firma zukunftssicher

GRIN Verlag

Bibliografische Information der Deutschen Nationalbibliothek:

Die Deutsche Bibliothek verzeichnet diese Publikation in der Deutschen National-
bibliografie; detaillierte bibliografische Daten sind im Internet über http://dnb.d-
nb.de/ abrufbar.

Dieses Werk sowie alle darin enthaltenen einzelnen Beiträge und Abbildungen
sind urheberrechtlich geschützt. Jede Verwertung, die nicht ausdrücklich vom
Urheberrechtsschutz zugelassen ist, bedarf der vorherigen Zustimmung des Verla-
ges. Das gilt insbesondere für Vervielfältigungen, Bearbeitungen, Übersetzungen,
Mikroverfilmungen, Auswertungen durch Datenbanken und für die Einspeicherung
und Verarbeitung in elektronische Systeme. Alle Rechte, auch die des auszugsweisen
Nachdrucks, der fotomechanischen Wiedergabe (einschließlich Mikrokopie) sowie
der Auswertung durch Datenbanken oder ähnliche Einrichtungen, vorbehalten.

Impressum:

Copyright © 2010 GRIN Verlag GmbH
Druck und Bindung: Books on Demand GmbH, Norderstedt Germany
ISBN: 978-3-640-75936-1

Dieses Buch bei GRIN:

http://www.grin.com/de/e-book/162343/so-machen-sie-ihre-firma-zukunftssicher

GRIN - Your knowledge has value

Der GRIN Verlag publiziert seit 1998 wissenschaftliche Arbeiten von Studenten, Hochschullehrern und anderen Akademikern als eBook und gedrucktes Buch. Die Verlagswebsite www.grin.com ist die ideale Plattform zur Veröffentlichung von Hausarbeiten, Abschlussarbeiten, wissenschaftlichen Aufsätzen, Dissertationen und Fachbüchern.

Besuchen Sie uns im Internet:

http://www.grin.com/

http://www.facebook.com/grincom

http://www.twitter.com/grin_com

So machen Sie Ihre Firma zukunftssicher

Mitarbeiter einweisen und beaufsichtigen, Kunden gewinnen, Geldeingang überwachen, Kunden beraten, Angebote schreiben - die Liste der täglichen Arbeiten ist beinahe endlos lang. Da geht der Ausblick in die Zukunft oft verloren. Und weil es ja noch immer so ging, wird es wahrscheinlich auch in Zukunft weiterhin funktionieren. Aber wie wäre es, wenn Sie sich heute mit der Zukunft beschäftigen würden, damit Sie sich in Zukunft keine Sorgen um ausreichende Nachfrage machen müssen?

Natürlich kann keiner präzise die Zukunft voraussagen. Aber, wer sich kaum oder gar nicht mit der Zukunft beschäftigt, wird –außer in Zeiten der Hochkonjunktur- immer intensiver um kurzfristige Nachfrage kämpfen müssen. Er ist denen, die vorgedacht haben, im Nachteil.

Wer seine Zukunft als Unternehmer gestalten will, muss seine Wettbewerbsfähigkeit erhalten, besser noch, sie laufend ausbauen. Das bedeutet in der Praxis, dass man sein eigenes Angebot 2-fach hinterfragen muss:

A) „Wenn ich mein derzeitiges Angebot *nicht* verändere, bin ich dann in 1, 2 oder 3 Jahren noch wettbewerbsfähig?"

B) „Kann ich mit meinen jetzigen Werbemaßnahmen auch in den nächsten Jahren ausreichend Nachfrage produzieren?"

Wenn Sie sich an die Veränderungen der vergangenen Jahre erinnern, werden Sie wahrscheinlich zu dem Ergebnis kommen, dass, wenn Sie nichts verändern, Ihre Wettbewerbsfähigkeit mehr oder weniger eingeschränkt sein wird. Wenn das der Fall ist, haben Sie sechs verschiedene Möglichkeiten, Ihr derzeitiges Angebot weiter zu entwickeln:

1. Zukunftsplanung in Eigenleistung

Sie stellen Ihr gesamtes Angebot auf den „Prüfstand" und fragen sich, welche Weiterentwicklungen es in Ihrem Bereich geben wird und wie Sie sich zukunftsorientiert darauf einstellen können.

Diese Frage muss umfassend verstanden und gestellt werden, es gilt nicht nur für das derzeitige Know-how, für die Materialien, die handwerkliche Arbeit, die Software, die Sie verkaufen oder mit der Sie arbeiten, sondern auch für sämtliche „Dienst bzw. Serviceleistungen", die mit der Realisierung eines Auftrages verbunden sind.

Gewinnen Sie die Erkenntnis, dass es mehr oder weniger große Veränderungen geben wird, können Sie sich fragen: „Was kann ich tun, damit ich in meiner Branche zu den Ersten gehöre und den anderen nicht hinterher laufen muss?"

Wenn Sie sich diese Frage beantworten, werden Sie ohne große Anstrengung mehr als eine Möglichkeit finden. Und mit jeder Antwort, die Sie finden, erzielen Sie eine Verbesserung –möglicherweise sogar eine Innovation- die Ihr Unternehmen und Ihr Angebot interessanter machen. Positiv dabei ist, dass Sie diese Aufgabe ohne Berater, ohne zusätzlichen Kostenaufwand, realisieren können.

Damit Sie erkennen, wie umsatzfördernd jede Idee sein kann, beantworten Sie zu jeder Verbesserung/Innovation folgende Fragen:

Fragen zur Gewichtung	sehr	weniger	gar nicht
Wie interessant ist das neue Angebot für meine Kunden?			
Sind meine gedachten Leistungen gut zu vermarkten?			
Werden die neuen Leistungen meine Wettbewerbsfähigkeit nachhaltig stärken?			
Kann ich mich mit den neuen Angeboten von meinen Wettbewerbern differenzieren?			
Kann ich mit dem geplanten Angebot neue Kunden gewinnen?			
Erfülle ich mit den neuen Leistungen mögliche Kundenwünsche?			

Wenn Sie die Fragen bewertet haben, wissen Sie, mit welchen Leistungen Sie am besten zukünftige Entwicklungen bewältigen können.

2. **Planen mit den Mitarbeitern**
   Noch besser ist es, wenn Sie diese Fragen gemeinsam mit Ihren Mitarbeitern beantworten. Das hat den Vorteil, dass Sie mit der Einbindung den Mitarbeitern ein neues „Wir-Gefühl" geben. Sie können ihre Zukunft mit gestalten und sich mit den Lösungen die gemeinschaftlich erarbeitet wurden, identifizieren. Das setzt neue Motivationen und Leistungssteigerungen frei.

3. **Lieferanten einbinden**
   Eine weitere Möglichkeit besteht darin, die Lieferanten zu befragen. Diese haben zwangsläufig einen größeren Überblick, kennen viele Wettbewerber und wissen oft sehr detailliert, wie diese ihre Zukunft planen. Außerdem verfügen sie oft auch über Hilfsmittel und unterstützen Sie bei der Planung und Realisierung Ihrer Zukunftsaufgaben.

4. **Neue Kombi-Angebote mit den Kooperationspartnern entwickeln**
   Viele Unternehmer kooperieren mit Wettbewerbern, die das eigene Angebot ergänzen. Wenn ausreichend Vertrauen vorhanden ist, sollte die Zukunftsplanung gemeinsam erfolgen. In der Kombination der unterschiedlichen Leistungen sind logischerweise Lösungen möglich, die man als Einzelkämpfer nicht bieten kann.

   Ein weiterer Vorteil der kooperativen Zusammenarbeit besteht darin, dass möglicherweise nicht nebeneinander an gleichen oder ähnlichen Lösungen gearbeitet wird. Wird in Unwissenheit parallel an mehr oder weniger gleichen Lösungen gearbeitet, entstehen oft Spannungen, weil jeder seine Lösung für die Bessere hält.

5. Interessenten und Kunden als Empfehler einbinden

Eine besonders interessante Form, die mehr und mehr Anwendung findet, ist das „Crowdsourcing". Vereinfacht übersetzt heißt das so viel wie „Interessierte und Kunden zur Mitarbeit auffordern". Diese Form der Einbindung von Interessierten und Kunden ist inzwischen ziemlich verbreitet. Egal, ob es sich um Haushaltsartikel, Serviceleistungen, Mithilfe beim Schreiben von Büchern, Weiterentwicklung von Software oder sonstige Entwicklungen handelt, hier gibt es keine Grenzen.

Betrachtet man diese Einbindung der Kunden in die Unternehmensentwicklung etwas genauer, ist es die Urform von Marketing. Man fragt den Kunden, welche neuen Leistungen er sich wünscht, damit man diese Erwartungen erfüllen kann.

Das Problem bei Crowdsourcing ist, dass viele Klein-Unternehmer glauben, Ihre Kunden würden diese Fragen als Eingeständnis von Unwissenheit sehen. Aber, erinnern Sie sich, wenn Sie gutes Marketing betreiben wollen, lautet die Frage nicht: „Was ist das Beste für mein Unternehmen?" sondern: „Was ist das Beste für meine Kunden?"

Die Befragung kann persönlich, schriftlich, telefonisch oder im Internet erfolgen. Besonders interessant ist dabei das Internet, weil hier die Zahl der Nicht-Kunden, die Ihre Webseiten besuchen, natürlich sehr hoch ist. Und, wie bei den Vorschlägen 1. – 4., das alles kostet Sie außer etwas Zeitaufwand keinen Cent.

6. Das Kopieren von erfolgreichen Maßnahmen

Die letzte aber nicht die schlechteste Maßnahme ist das Kopieren erfolgreicher Konzepte. Hier leisten insbesondere die Fachzeitschriften eine gute Hilfe. Sie berichten immer und immer wieder, wie erfolgreiche Kollegen Herausforderungen, Krisen, Zukunftsaufgaben etc. bewältigt haben, bzw. bewältigen. Das sind kostenlose Empfehlungen, die manchmal sogar 1:1 übernommen werden können.

Genieren Sie sich nicht, sondern denken Sie daran, dass Sie nur regional tätig sind. Wenn Sie etwas übernehmen, was ein Betrieb in einem anderen Teil Deutschlands praktiziert, kann das für Ihre Region absolut neu sein. Oder wollen Sie etwas neu erfinden, obwohl es bereits erfolgreich funktioniert?

7. Nachfrage produzieren

Eine Binsenweisheit vorab. Die Besten Beschaffer von Nachfrage sind Ihre Kunden. Also überlegen Sie, was Sie alles tun können, um Ihre Kunden zu (begeisterten) Empfehlern zu machen. Nahezu alle Unternehmer sparen hier an der falschen Stelle. Der Kunde als Empfehler geht fast immer leer aus. Wenn aber jemand kommt und sagt: "Ich habe einen Auftrag für Sie, wie hoch ist meine Provision?" ist es überwiegend selbstverständlich, dass irgendeine Vergütung ausgehandelt wird. Empfiehlt (bringt) ein Kunde einen neuen Kunden, gibt es für ihn oft noch nicht einmal ein „Dankeschön". Hier liegen für viele Betriebe noch große Ressourcen.

Da es wohl kaum einen Betrieb gibt, der ausschließlich von Empfehlungen lebt, muss sich jeder zwangsläufig mit dem Thema Werbung (=Generierung von Nachfrage) beschäftigen. Dabei stellt sich die Frage in zweifacher Form:

7.1 Entsprechen die Inhalte und Aussagen meinem derzeitigen Angebot und Leistungsniveau?

Hier werden in vielen Fällen gravierende Fehler begangen, weil die Werbemittel nicht aktualisiert werden. Der Hochglanzprospekt ist viele Jahre alt und die Seiten im Internet sind ebenfalls seit Jahr und Tag nicht ergänzt worden. Eine Empfehlung: Produzieren Sie nicht einen teuren Hochglanzprospekt sondern einzelne Werbemittel, die sich leicht ergänzen und austauschen lassen.

Besondere Aufmerksamkeit widmen Sie bitte dem Internet. Hier haben die „Suchenden" eine Fülle von direkten Vergleichsmöglichkeiten, wie sonst bei keinem anderen Werbeträger. Deshalb ist es wichtig, dass Sie Ihre eigene Darstellung immer wieder mit denen Ihrer Wettbewerber vergleichen. Nur so können Sie sicher stellen, dass Ihre Unternehmens- und Leistungsdarstellung wettbewerbsfähig bleibt.

7.2 Setze ich die richtigen Werbeträger ein?

Die Möglichkeiten, die heute das Internet bietet, waren vor Jahren noch undenkbar. Diese Entwicklung ist noch lange nicht zu Ende. Hier ist das einzige Handlungsfeld, in dem Sie sowohl Ihre Kunden fragen müssen, als auch Selbstversuche starten sollten.

Ihre Kunden kennen Sie, die suchen Sie nicht. Die neuen Interessenten kommen zu Ihnen auf Grund von Empfehlungen oder auf Grund von Informationen in Werbeträgern, in denen Sie vertreten sind. **Wenn Sie in einem neuen Medium nicht vertreten sind, können auch keine neuen Interessenten kommen, die dort nach Anbietern suchen. Das müssen Sie testen.**

Fazit

Konfuzius soll mal gesagt haben: „Kümmere dich nicht um die Ernte sondern bestell den Acker". Mit anderen Worten, wenn Sie jede Woche mal eine halbe Stunde über Ihre Zukunft nachdenken, brauchen Sie sich wahrscheinlich keine Sorgen über Ihre zukünftige Wettbewerbsfähigkeit zu machen.

Hans-Jürgen Borchardt
November 2010